Karl von Eckartshausen

Von der Nutzbarkeit des Gebrauches der Phosphorsäure bei Viehseuche

Karl von Eckartshausen

Von der Nutzbarkeit des Gebrauches der Phosphorsäure bei Viehseuche

ISBN/EAN: 9783743609372

Hergestellt in Europa, USA, Kanada, Australien, Japan

Cover: Foto ©Andreas Hilbeck / pixelio.de

Manufactured and distributed by brebook publishing software (www.brebook.com)

Karl von Eckartshausen

Von der Nutzbarkeit des Gebrauches der Phosphorsäure bei Viehseuche

Von der
Nutzbarkeit des Gebrauches
der reinen
Phosphorsäure
bey itzt
grassirender Viehseuche,
als
ein spezifisches Mittel
wider
die Fäulniß.

Von
dem Churfürstlich wirklichen Hofrath und
geheimen Archivar,
Karl von Eckartshausen.

Frankfurt und Leipzig,
1797.

Vorrede.

Wenn die Menschheit und das Vaterland leiden, ist es jedem Bürger erlaubt — ja ein jeder ist verpflichtet, zur Rettung zu eilen, und zur Steuerung des dringenden Uebels seine Gedanken kund zu thun.

Ich bin kein Arzt, aber ich liebe die Natur, und forsche gern ihren Geheimnissen nach. Sie öffnet ihr Heiligthum Jedem, der sie sucht — ohne Beschränkung, ohne Unterschied.

Was ich hier liefere, ist guter Wille. Männer von Einsicht werden es nicht mißbil-

mißbilligen — Aerzte sich dadurch nicht beleidigt finden. Ich verehre die großen Männer unsers Staats, unter denen sich so viele rühmlich ausgezeichnet haben — ihnen weih ich diesen kleinen Gedanken; ihre tiefe Einsicht und Erfahrenheit wird das erst zur Reife bringen, wozu meine geringen Kräfte nicht hinreichen.

Wer nicht gut denkt, der zürnet nur,
   Wenn andre Menschen denken;
Ein Fünkchen Licht kann die Natur,
   Ja jedem Menschen schenken.

Dieß Fünkchen facht der edle an,
   Benützt es ohne Neide,
Und unterstützt den guten Mann,
   Mit brüderlicher Freude.

Einleitung.

Die Leidenschaften der Menschen bringen alles in Unordnung; da sie die natürlichen Wege der Vernunft und Natur verlassen, verbreiten sie überall Unheil auf dem Erdboden.

Das ganze Menschengeschlecht macht nur eine Brüdergesellschaft unter dem Vorstande eines einzigen Vaters aus, der Gott ist. Liebe muß uns alle zu einem Zwecke der Glückseligkeit verbinden; Vereinigung durch Liebe zum allgemeinen Zweck der Glückseligkeit ist das große Gesetz der Menschenbestimmung.

Sobald die Bande der Liebe sich trennen, Nationen gegen Nationen, Völker gegen Völker aufstehen, dann leidet die Menschheit unter den Stürmen der Leidenschaften, und Hunger und Tod folgen dem Kriege nach, der sich gegen

gegen seinen Bruder rüstet. Wäre die Natur so ungerecht als der Mensch, längst würde der Erdball zertrümmert seyn, und unter seinen Ruinen das Wesen vergraben, das halb Thier und halb Geist ist.

Nur die ewigen und unveränderlichen Gesetze, die im Innern ungestört fortgehen, immer nach dem weisen Plane der Gottheit aus dem Uebel, das nur der Mensch erzeugt, das Gute wieder fürs Ganze bearbeiten, erhalten noch dieses Erdethal.

Könnte der Mensch je diese heilige Gesetze betasten, er würde längst schon wie ein wüthender Eber diese schöne Erde umgewühlt, und das Ganze in ein fürchterliches Chaos verwandelt haben.

Vernunft, Wille und Selbstthätigkeit sind die wahren Bestandtheile eines Wesens, das man Mensch nennt.

Seine Vernunft muß den Gesetzen der Gottheit und der Natur, sein Wille der geordneten Vernunft, und seine Selbstthätigkeit dem geordneten und unter den Vernunftgesetzen stehenden Willen gehorchen.

Nur

Einleitung.

Nur in solchem Verhältniß verdient dieses Erdwesen den Namen „Mensch." Unter jedem andern Verhältnisse nähert es sich, mehr oder weniger, dem Thiere, und macht nur eine schlimmere Gattung desselben aus.

Seit Jahrhunderten predigten die wenigen Weisen dem Menschen diese große Wahrheit; seit Jahrhunderten zeugen die traurigen Folgen, wie schwer die Natur Uebertrettungen des allgemeinen Gesetzes der Menschenbestimmung ahndet.

Menschenwesen! ruft uns eine Stimme zu, du kannst so lang nicht glücklich werden, als bis du Gott, und durch ihn die unveränderlichen Gesetze der Natur kennen lernst. — Diese Gesetze müssen die Richtschnur deiner Vernunft, die geordnete Vernunft die Regel deines Willens, und der geordnete Wille die Triebfeder aller deiner Selbstthätigkeit seyn.

So lang deine Vernunft regiert, so lang deine Neigungen gebiethen, so lang kanns nicht gut werden. — Sieh an, und gehorche! — Betrachte, und führe aus! —

Einleitung.

Vereinige deine Vernunft und deine Selbstthätigkeit mit den ewigen Vernunftgesetzen — darinn beruht deine Glückseligkeit.

Trennst du deine Vernunft, deinen Willen von Gott und der Natur, so sind Vorurtheile, Irrthümer und Unordnung dein Antheil — das ist das Loos deiner Verirrung.

Sieh umher, und betrachte die traurigen Folgen deiner Trennung! — Ueberall trennst du, schwaches Geschöpf, deine Selbstliebe, dein Interesse von der Liebe und dem Interesse des Ganzen. So wähnst du dich einzeln glücklich zu machen, und gräbst dir selbst deine Grube.

O daß ich meinen Blick von allem dem Elende wegwenden könnte, das Vorurtheile, Irrthümer und Unordnungen unter die Menschen gebracht haben! — Ein gräßliches Beyspiel zeigt sich noch in den täglichen Auftritten dieses Krieges unsern Augen. Wo wir hinblicken, Thränen und Elend, Verwüstung und Tod! — Den ärmern und überhaupt unglücklichern Theil der Menschen drückt diese Bürde

Einleitung.

Bürde mit neuen Qualen; mit verweintem Auge sieht er seine verwüstete Hütte an, und mit schüchternem Ohre hört er das letzte Todesröcheln seines sterbenden Viehes, das ihm die ansteckende Seuche entrissen hat.

Gesundheit war bisher noch das einzige, was der Druck des Stärkern dem Schwächern nicht geraubt hat. — Dieses himmlische Geschenke theilte der Landmann mit seinem Thiere, das für uns den Pflug zog, und er erhielt es unbezahlt mit jedem aufgehenden Morgen, kein Projektant taxirte es noch, und kein Geldeinnehmer foderte dafür eine Abgabe. Ohne Siegel und Brief erneuert es ihm jeder kommende Tag; aber nun wird durch die Leidenschaften des Mächtigern auch das verdorben, was man ihm bisher noch nicht ganz entziehen konnte.

So ist der Uebergang von der moralischen Fäulniß zur physischen, so verderben zuerst Vorurtheile den Verstand, dann Irrthümer das Herz, damit die in Ausbruch gerathenen Leidenschaften die Menschheit verderben. O laßt uns zum Himmel bethen, daß er das große

Einleitung.

Unglück noch abwende, das die Menschheit zu bedrohen scheint! — Laßt uns aus dem traurigen Beyspiele der Leidenschaften, die im Großen wirken, für unsre Selbstbesserung Nutzen ziehen, und die Todten sollen ihre Todten begraben! —

Mensch — Krieger! du suchst Lust im Morden,
   Im Würgen suchst du deinen Ruhm.
Komm, bist du menschlicher geworden,
   Mit mir ins innre Heiligthum.

Verlasse deine Vorurtheile,
   Für die die Eitelkeit dir bürgt,
Stemmt er sich auch auf Herkuls Keule,
   Kein Mensch ist groß, der andre würgt.

Im Wohlthun liegt der Menschheit Stärke,
   Zerreißen kann ein wildes Thier;
Voll Liebe sind der Schöpfung Werke,
   Bist du ein Mensch, so folge ihr.

Zerbrich des Vorurtheiles Bande,
   Und mit heroischem Entschluß
Zertritt der Welten ew'ge Schande,
   Das Mörder-Schwert, mit deinem Fuß.

Der Menschen Glück besteht hienieden
   Im stillen ruhigen Genuß;
Genügsamkeit gewährt den Frieden
   Beym Händedruck, beym Bruderkuß.

Ueber
die Luftgüte überhaupt.

Seit dem die Chemiker entdeckt haben, daß sich die gewöhnliche atmosphärische Luft, die wir einathmen, sich noch in verschiedene andere Luftarten, die gleichsam ihre Bestandtheile ausmachen, zerlegen läßt, hat die Naturkunde große Vorschritte gethan. Es öffnete sich jedem Denker ein ausgebreitetes Feld zu tausend Beobachtungen, und wir rückten den Wirkungen der Natur und der Kenntniß ihrer verborgenen, aber unveränderlichen Gesetze um ein merkliches näher.

Unter die seltnen Wunder unsrer Zeiten gehört die Entdeckung der verschiedenen Luftarten, unter welchen die so genannte brennstoffleere Luft, die Priestley mit Recht die Lebensluft nennt, die Königin aller übrigen ist. Dem unsterblichen Ingenhouz hat die Menschheit diese Bekanntmachung zu verdanken, sammt den Tausenden nachkommender Verſuche zum Menſchenwohl, die man ohne dieſer Entdeckung nie würde gemacht haben.

Bald führte ſie den Menſchen zur nähern Kenntniß der Eigenſchaften dieſer Luft; man lernte ihre vorzügliche Reinheit kennen, fand ſie zum Athemholen viel tauglicher, da der Menſch mit ihr eine unbekannte Wolluſt einhauchet, und ſein Leben unbegreiflich verlängern würde, wenn es ihm die Lage des Erdballs verſtattete, ſie ganz in ihrer Reinheit zu genießen.

Sie iſt die Lebenskraft des Menſchen, der Balſam der Blumen, die Urſache der Heilkraft in den Kräutern, und das herrlichſte Geſchenke der Natur, die reinſte Quelle der Geſundheit des thieriſchen Lebens.

Verkannt lag ſie ſeit Jahrhunderten in den Behältniſſen der Natur, — in Kräutern, Mineralien und Wurzeln, und vorurtheilvolle Chemiſten jagten ſie durch die Folter ihrer Retorten aus den ärztlichen Offizinen.

Allgemeine Erfahrungen beſtättigen, daß ſich die Reinheit der einzuathmenden Luft bloß nach der Lebensluft verhalte; die mindere oder höhere Güte der Athemluft wird nach dem Mehr oder Weniger der Lebensluft, welche ſie enthält, beſtimmt.

Die

Den Naturforscher Priestley führte bald sein durchdringender Geist auf die Erfindung des Luft-Gütemessers. Fontana, Landrian, Ingenhoufz With, Saufsure, Schelle, Senebier, Cavallo arbeiteten nach seinem Systeme, und die Art der Luftgüte wurde in verschiedenen Gegenden zuverlässig bestimmt. Die Resultate ihrer Versuche waren, daß die Schädlichkeit der Luft von dem vielen darinn befindlichen Brennstoff (princip inflammable) und ihre Heilsamkeit von der Abwesenheit dieses Brennstoffes abhange.

Die aus den vielen Erfahrungen gezogenen Sätze sind folgende:

1.

Je mehr Brennbares in der Luft ist, die wir einathmen, je schädlicher ist sie.

2.

Je weniger Brennbares in der Luft ist, desto geschickter wird sie zum thierischen Leben.

3.

Alles, was das Brennbare in der Luft vermehrt, ist eine wahre Verschlimmerung der Luft.

4.

Alles, was der Luft ihr Brennbares benimmt, ist ein wahres Mittel ihrer Verbesserung.

5.

5.

Wie geschwinder der Luft, die wir einathmen, ihr Brennbares benommen werden kann, um so tauglicher ist das Mittel die Luft zu reinigen.

6.

Und wie fähiger ein Mittel ist den Brennstoff von der Wiedervereinigung mit der Athemluft abzuhalten, um so besser ist das Mittel, die Luft rein zu erhalten.

7.

Wie mehr die gewöhnliche Luft Lebensluft enthält, desto reiner ist sie.

8.

Wie weniger Lebensluft sie enthält, desto unreiner ist sie.

9.

Das zur Gesundheit der Menschen und der Thiere Dienliche in der gewöhnlichen Luft, verhält sich nach Maaßgabe der Lebensluft, mit welcher die gewöhnliche vermischt ist.

10.

Die gesunde Luft ist mehr elastisch, und eben diese Elastizität hat die gewöhnliche Luft der Lebensluft zu verdanken.

II.

Wo Wärme entsteht und die Federkraft der Luft abnimmt, dort entsteht auch Abnahme der Lebensluft.

Erfahrungen.

Die chemischen Erfahrungen bestättigen:

1.

Daß die reine Lebensluft durch ihr elastisches Wesen aller Fäulniß widersteht.

Legt man faulendes Fleisch in eine mit reiner Lebensluft gefüllte Bouteille, so wird in kurzer Zeit das Fleisch wieder frisch und gut seyn.

2.

Schwarzes und in Fäulniß übergehendes Blut erhält seine schöne reine Farbe wieder, und die verlorne Flüßigkeit.

3.

Diese reine Lebensluft ist unmittelbar zur Erhaltung sowohl vegetabilischer als animalischer Körper nothwendig. Ohne ihr, wie die Erfahrungen bestättigen, kann kein Licht brennen, kein Thier leben — sie ist also das Lebensprincip in der physischen Natur.

4.

Wo ein Feuer brennt, ist Absorbtion der Lebensluft nothwendig.

5.

Wie mehr Absorbtion der Lebensluft, desto heller und reiner brennt die Flamme.

6.

Wo ein thierischer Körper lebt, ist Absorbtion der Lebensluft zu seinem Leben nothwendig; wie mehr Absorbtion, desto froher lebt das Thier — desto freudiger und kräftiger; folglich ist die Lebensluft Princip der thierischen Kräfte.

7.

Die gemachten Erfahrungen belehren uns auch, daß der Grundstoff der reinen Luft in der Atmosphäre das Princip aller Säuren sey, welche man einst als verschiedene Grundmaterien angesehen hat, und die in der That nur zusammengesetzte Substanzen sind.

Folgerungen.

Ist der Grundstoff der reinen Luft das Princip aller Säuren, so ist nothwendig das Wirkende
in

in den Säuren das Verhältniß dieser reinen Luft nach verschiedenen Modifikationen.

Wie mehr also reine Luft oder Säure erzeugender Stoff in einer Säure enthalten ist, desto flüchtiger, wirksamer und edler ist die Säure.

Das Verhältniß und die Klassifikation der Säuren ergiebt sich nothwendig nach der mehrern oder wenigern Beymischung des Säure erzeugenden Stoffes, oder vielmehr nach der Extension und Concretion dieses Stoffes.

Ohne Kenntniß der Luftarten ist es nicht möglich eine deutliche Kenntniß von den Säuren zu erhalten, weil alle Säuren aus verschiedener Verbindung des säureerzeugenden Stoffes mit den andern Luftarten entstehen.

Säuren.

Man beschäftigte sich seit langer Zeit die Säuren zu klassifiziren; allgemein wurde die Vitriolsäure als die Grund- und Hauptsäure angenommen; die neuesten Erfahrungen aber, ausgehend von einem einzigen Prinzip, welches der Säure-erzeugende Stoff ist, zeigen uns, daß sich die Stuffenfolge der Säuren ganz anderst verhalte.

Da

Da alles in der Natur vom Flüchtigsten ins Fireste übergeht, so ist eben der Weg der allerschicklichste die Natur der Säuren zu bestimmen, wenn man von der flüchtigsten Säure anfängt, und stuffenweis bis zur fixesten herabsteigt.

Im ersten Falle zeigt uns die Erfahrung durch die Concretion; im zweyten durch die Volatilisation den Grad der Entfernung und die Gradation der Säuren.

Alle Körper in der Natur müßen unter einem dreyfachen Gesichtspunkte betrachtet werden, als:

  im konkreten Zustande,

  im flüßigen, und

  im Gasförmigen;

denn aus dem Gasförmigen entsteht das Flüßige, aus dem Flüßigen das Konkrete.

Wäre dieses Gesetz der Natur nicht allgemein, so könnten keine solide Körper aufgelöset, und keine flüchtige verdünstet und volatilisirt werden.

Aus den Luftarten erzeugt die Natur das Wasser und die Säuren, oder das Flüßige, und aus Wasser und Säuren die Salze, oder das Konkrete.

So bildet sich das Luftförmige, Flüßige und Solide in der Natur.

Das

Das Licht ist die Lebensquelle aller Dinge, und giebt allen Dingen Existenz.

- Die Lichtbewegung ist dreyfach:

    ausdehnend,

    zusammenziehend,

    wieder ausdehnend.

Durch die Ausdehnung wird sie Princip des Gasförmigen und Flüchtigen;

Durch Ausdehnung und Anziehung Princip des Flüßigen;

Und durch Ausdehnung, Anziehung und Wiederausdehnung Princip des Fixen und Konkreten.

Wo die ausdehnende Kraft die Oberhand hat, da ist das Flüchtige.

Wo Expansion und Attraktion gleich sind, da entsteht das Flüßige, wo aber die Attraktion die Oberhand hat, das Solide, Fixe.

Dieses Gesetz ist allgemein, und hat sowohl unter den Luftarten und Säuren, als Salzen und Körpern statt; es ist ein Urgesetz der Natur.

Die Bewegung des Lichts ist die Ursache der Erzeugung der Luft, oder die Folge der Bewegung des Lichts ist die Luft, oder: wenn sich das Licht bewegt, so entsteht die Luft.

Die

Die Luftarten sind Modifikationen der Licht-Bewegung.

Wo Ausdehnung ist, entsteht Feuerluft; wo Ausdehnung und Anziehung ist, entsteht reine Luft, Lebensluft.

Durch Ausdehnung, Anziehung und Zurückstoßen entsteht fixe Luft.

Diese primitive Luftarten sind nur Modifikationen einer dreyfachen Lichtbewegung.

Die neuesten Erfahrungen belehren uns, daß das Licht die Luftarten erzeugt, dann durch die Luftarten das Wasser bildet, durch das Wasser und die Luftarten die Säuren, durch die Luftarten das Wasser und die Säuren die Salze, und endlich durch Luftarten, Wasser, Säuren und Salze die Körper hervorbringt — alles nach bestimmter Zahl, Maaß und Gewicht, woraus die Quantitäten, Qualitäten und Formen der Dinge entspringen, und Mannigfaltigkeit dieser Körperwelt bilden.

Um die Säuren in der Natur nach ihrer wahren Ordnung zu klassifiziren, muß man nothwendig ihre Bestandtheile kennen lernen. Hier tritt das große Axiom ein: In der Säure ist alles Säure — die Säuren unterscheiden sich untereinander nur durch ihre Flüchtigkeit und Fixität. Zwischen der flüchtigsten und fixesten Säure erscheinen alle übrige. Um ihre Erscheinungen

nungen zu bestimmen, wollen wir die Erfahrungen zur Hand nehmen.

Erfahrungen
über die Säuren.

Die Säuren werden allgemein nach dem Eindruck, den sie auf unsern Geschmack machen und nicht nach ihren Bestandtheilen definirt.

Säuren nennen wir insgemein diejenigen Körper, die einen gewissen, lebhaften, stechenden Eindruck auf der Zunge machen. Newton definirte die Körper nach ihren Wirkungen, als Körper, die anziehen, und Körper die angezogen werden, ich wollte sie aber lieber nach ihren Bestandtheilen definiren, und sagen: Säuren sind aus Vermischung verschiedener Luftarten mit Wasser entstandene Körper — im flüßigen Zustande genannt Säuren, als Erscheinungen aber, im konkreten Zustande Salze genannt.

Daß alle Säuren im flüßigen Zustande aus Vermischung der verschiedenen Luftarten mit Wasser entstehen, lehrt uns die Erfahrung, denn bey Zerlegung aller flüßigen Säuren erhält man Luft-Arten und mehr oder weniger Wasser.

B Die

Die Verschiedenheit der Säuren hangt also bloß von der verschiedenen Proportion der Luftarten und der mehr oder wenigern Verbindung mit dem Waſſer ab.

Daß die Natur zuerſt das Waſſer durch die Luftarten bildet, iſt jedem Phyſiker, der die neuern Erfahrungen der Chemie kennt, bekannt.

Nachdem die Natur das Waſſer erzeugt hat, verbinden ſich die Luftarten wieder mit dem Waſſer, und erzeugen die Säuren, welche, wenn ſie ihre Flüßigkeit verlieren, oder ſich mit alkaliſchen Theilen verbinden können, in Salze übergehen.

Man hat die Beobachtung gemacht, daß die Wirkung der Sonne auf die atmosphäriſche Luft eine Säure erzeugt, die wir Lichtſäure nennen können. Die Reaktion der Luft modifizirt dieſe Säure, und bildet dadurch die Luftſäure. Dieſe zwo Säuren, wenn ſie ſich in lebende und organiſirte Subſtanzen ſenken, nehmen, da ſie wieder aus ſelben heraus treten, eine dritte Modifikation an, und bilden die mephytiſche Säure. Aus dem plus und minus dieſer drey Säuren entſtehen alle übrige, unter welcher fernern Reihe die Phosphorſäure die erſte Stelle verdient.

Die Erfahrungen beweiſen, daß aus jedem Schwefel Vitriolſäure kann ausgeſchieden werden.

Man

Man beobachtet, wenn man ihn entzündet, und eine schwache, langsam brennende Flamme in eine gläserne, inwendig mit Wasser benetzte Glocke schlagen läßt, daß von dieser Glocke in die untergesetzte Schaale ein saurer Spiritus fließt, der vitriolisch ist.

In aufsteigender Ordnung ist also die Vitriolsäure vor der Schwefelsäure, und in absteigender die Schwefelsäure vor der Vitriolsäure.

Salzsäure und Salpetersäure finden sich immer beysammen, und ihr Unterschied liegt bloß in der Volatilität und Fixität. Ueberall wo Salpeter erzeugt wird, findet man auch Kochsalz, folglich ist in aufsteigender Ordnung die Salzsäure vor der Salpetersäure, und in absteigender Ordnung die Salpetersäure vor der Kochsalzsäure.

Die Erfahrungen, wodurch man die Kochsalzsäure dephlogistisirte, bewiesen die Richtigkeit dieser Klassifikation um so mehr, als man durch die dephlogistisirte Salzsäure ein Mittelsalz erhielt, das sich dem Salpeter näherte.

Dem berühmten Naturforscher Scheele verdanken wir diese Entdeckung. Er nannte dieses Salz eine mit der Basis der Lebensluft übersetzte Salzsäure. Die Franzosen als Phlogistiker nanntens brennstoffleere Salzsäure; die Antiphlogistiker aber origenisirte Meersäure, acide muriatique oxigene,

Daß sich die Körper in der Natur nach der Art ihrer Konstruktion zu einander verhalten, ist unzweifelbar, denn da sie alle in der Zeit erscheinen, so verhält sich die Konstruktion wie die Zeit, und die Zeit wie die Progreßion, die der Konstruktion zu Grund liegt.

Alle übrige Säuren sind Modifikationen der obigen, unter welchen ich durch Erfahrung entdeckt habe, daß die Kleesalzsäure der oxigenisirten Meersäure, und die Ameisensäure der Phosphorsäure am nächsten kömmt, wie auch die Milch- und Fettsäure, die alle phosphorisch sind, und nur durch das plus und minus der Phosphorität verschieden sind.

So ist die Fettsäure mehr phosphorisch als die Ameisensäure, und die Ameisensäure mehr als die Milchsäure.

Wenn wir aber auch die Stuffenordnung der Säuren genau kannten, so würden wir doch von der Kenntniß derselben keine genaue Anwendung machen können, wenn wir nicht ihre Bestandtheile untersuchen.

Alle Säuren sind Modifikationen der Luftarten nach gewissen Proportionen mit Wasser verbunden.

Die

Die Richtigkeit dieser Definition wird durch Erfahrungen bestättigt.

Man zerlege nur die Säuren, und man wird Luftarten und Wasser finden.

Man zerlege die Salze, und man erhält Säure, Alkali und Wasser.

100 Gran Salpeterkrystallen enthalten 30 Gran Säure, 63 Gran Alkali und 7 Gran Wasser.

Fährt man in Zerlegung der Säuren weiter fort, so findet man, daß ihre Bestandtheile Lebensluft und tödtliche, oder mephytische Luft sind.

Wie in der Natur durchaus das Gute und Gedeihliche das Mittel zwischen zwey Extremen ist, so ists auch da.

Die höchst ausgedehnte und mephytische Luft ist so untauglich zum Menschenleben als die fixe.

Die beste Luft ist jene, die zwischen der ausgedehnten und fixen das Mittel hält, oder die Lebensluft.

Aus der Analogie läßt sich daher ebenfalls auf die Säuren schließen, und es ergiebt sich, daß jene dem thierischen Körper die gedeihlichste sey, die zwischen der flüchtigsten und firesten das Mittel hält, und dieses ist die Phosphorsäure.

Die erste wird schädlich durch ihre Flüchtigkeit; die zweyte durch ihre Fixität.

Was also die Lebensluft unter den Luftarten ist, das ist die Phosphorsäure unter den Säuren.

Von
der Reinheit und dem Verderben der Luft.

Die Erfahrungen belehren uns, daß die Reinheit der Luft von ihrer Elastizität, und das Verderben vom Mangel der Elastizität abhange. Nun wissen wir aus den neuern Entdeckungen, daß die Ursache dieser Elastizität die reine Lebensluft, oder der Säure=erzeugende Stoff ist.

Sobald die Elastizität der Luft vermehrt wird, so geht das Gasförmige in flüßigen Zustand über, und der Säure=erzeugende Stoff fängt zu wirken an. Die Federkraft wird zusammengezogen, und die reinen Prinzipien vereinigen sich in einer proporzionierlichen Anhäufung.

Dieß ist der Zustand der heitern, gesunden und reinen Luft, und man kann leicht daraus schließen, warum der Mensch in dieser Luft freudiger lebt, ein besseres Behagen findet. Auch giebt uns hier die Beobachtung zu erkennen, warum empfind-

empfindsame Nerven bey Veränderung des Wetters so sehr leiden, sich bey gutem Wetter wohl, bey schlechtem übel befinden.

Denn verliert die Luft ihr elastisches Wesen, so verlieten es auch die Körper, und die nämlichen Wirkungen gehen im Mikrokosmo vor, die sich im Makrokosmo ereignen.

Verliert die Luft ihre Elastizität, so geht der Säurestoff wieder in gasförmigen Zustand über, die Federkraft dehnt sich aus, läßt nach, und die Principien trennen sich.

Ich habe bey dieser Gelegenheit eine sehr interessante Erfahrung gemacht, und gefunden, worinn die Ursache des Drucks der Luft, oder das Steigen und Fallen des Barometers bestehe, und bemerkte, daß bey jeder Wetterveränderung, bey welcher der Merkurius steigt oder fällt, eine Art der Verflüchtigung oder Fixation desselben vorgehe, und zwar auf folgende Weise:

Der berühmte Wenzel hat schon entdeckt, daß alle metallische Schwefel phosphorisch sind, und daß die Flüßigkeit und Flüchtigkeit des Merkurs von diesen flüchtigen, phosphorischen Schwefeln abhange. Sobald nun die Elastizität der Luft nachläßt, so geht die im Merkur vorhandene Phosphorsäure in gasförmigen Zustand über, der Merkur verliert an seiner Flüchtigkeit, die Schwer-

Schwerkraft der Erde, die seine bindende Bestandtheile ausmacht, nimmt zu, und der Merkur fällt.

Nimmt hingegen die Elastizität der Luft wieder zu, so wirkt auch die Phosphorsäure wieder in ihrem flüßigen Zustande, der Merkur wird mehr ausgedehnt und steigt.

Alle Veränderungen der ganzen Natur gehen beständig in folgender Circulation vor, als im Uebergange des Gasförmigen ins Flüßige, und vom Flüßigen ins Konkrete, und so wieder zurück vom Konkreten ins Flüßige, vom Flüßigen ins Konkrete. Darinn liegt die Grundursache aller Phänomene.

Damit ich aber nicht zu weitschichtig werde, so will ich wieder zu meinem Hauptgegenstand zurückkehren.

Es ist ausgemacht, daß der Balsam des Lebens die Lebensluft (oder der Säure-erzeugende Stoff) sey. Diese Lebensluft erscheint im flüßigen Zustande, wo die ausdehnende und anziehende Kraft des Lichts im Gleichgewicht sind, als eine Lebensäure, als ein Organ, worinn Licht und Wärme zur Erhaltung der Körper wirken.

Diese Säure ist die reinste Phosphorsäure; ich sage: die reinste, weil jene, die man aus dem

dem gewöhnlichen Phosphor erhält, ihm noch nicht gleich kömmt, und oft erst in der Operation durch Zutritt der Feuchtigkeit verunreinigt wird.

Das Verderben der Luft muß daher nothwendig nach 2 Wirkungen, die in dem elastischen Wesen, das der Luft zu Grunde liegt, vorgehen, beurtheilt werden. Konzentrirt sich dieses elastische Wesen zu sehr, so, daß es sich mit andern Körpern verbindet, so wird der Lebensbalsam der Luft entzogen, die Luft wird fix, untauglich zur thierischen Respiration, und dem Menschen schädlich. Dehnt sie sich aber zu sehr aus, so verliert sie ebenfalls ihr Elastisches, und wird mephytisch, schädlich, tödtlich.

Der elastische Zustand der Luft ist der Mittelzustand zwischen der Expansion und Attraktion, oder zwischen dem Höchstflüchtigen und Höchstfixen. Alle übrige Luftveränderungen sind Modifikation, oder Stuffenordnung des Uebergangs des elastischen Wesens entweder ins Flüchtige, oder ins Konkrete.

Wir haben die Erfahrung, daß der Kohlen-Dampf die Luft so verderbt, daß Menschen darin sterben; die Ursache ist, daß das elastische Wesen sich mit dem brennbaren der Kohle vereinigt, und also die Luft fix und erstickend wird.

Es ist ferner durch Erfahrung bekannt, daß durch mephytische Ausdünstung die Menschen augenblicklich todt waren. Die Ursache liegt in der zu starken Ausdehnung des elastischen Wesens, wodurch ebenfalls dem menschlichen Körper sein elastisches zum Leben und Bewegung nothwendiges Organ geraubt wird, worinn die animalischen Lebensgeister wirken, und ohne welchen kein thierisches Leben möglich ist.

Durch alle diese Erfahrungen wird man überzeugt, daß zwo Hauptveränderungen in der Luft die Ursache alles Schädlichen sind, nämlich die höchste Expansion und die höchste Konzentration. Alles übrige, was schädlich ist, wird es durch die Annäherung zur Expansion und Konzentration. Das Gute, Heilsame besteht im Gleichmaaße der Verhältnisse.

Aus der Analogie können wir daher zuverläßig schließen, daß es kein Gift in der Natur giebt, welches nicht als eine höchst flüchtige, oder als eine höchst konzentrirte Säure wirkt, und daß auch kein Heilmittel in der Natur möglich ist, wenn es nicht die gestörten Lebenskräfte wieder ins Gleichgewicht zu setzen vermag.

Alle diese Sätze gründen sich auf wiederhollte Beobachtungen und Erfahrungen, woraus sich leicht die bestimmtesten Folgerungen über Güte
und

und Verderbniß der Luft machen laſſen. Ein allgemeiner Grundſatz iſt allemal der: wo die Luft in flüßigen Zuſtand übergeht, wird die Säure erzeugt.

Dieſe Säure erhält ihre Modifikation nach der ausdehnenden, oder zuſammenziehenden Kraft der Luft.

Ueberall wo eine Säure in expanſiven Zuſtand übergeht, entſteht Luft, und dieſe Luft erhält ihre Eigenſchaft nach der Ausdehnung, oder Konzentration.

Aus dieſen Erfahrungen kann man ſchließen, daß alle ſubtile und äußerſt fein anſteckende Gifte in den flüchtigſten Säuren beſtehen, die mephytiſch ſind, und aus den konkreten in expanſiven Zuſtand wirklich übergehen.

Große Feuer, Verkalkungen der Metalle, alles was vieles Brennbare in die Luft abgiebt, entzieht ihr den Menſchen- und Thier-erhaltenden Lebensſtoff, und macht ſie nach verſchiedenen Verhältniſſen ſchädlich. Gemeiniglich wird zuerſt fixe Luft erzeugt, und da dieſe von der Feuchtigkeit der atmoſphäriſchen Luft abſorbirt wird, entwickelt ſich die brennbare und endlich die mephytiſche.

Unterſu=

Untersuchung

der eigentlichen Bestandtheile der reinen Luft, die zur Erhaltung des thierischen Lebens nothwendig ist.

Alles, was wir im vorhergehenden schon gesagt haben, beweiset klar, daß der wesentlichste Bestandtheil der Luft, die wir einathmen, die Lebensluft, oder der Säure-erzeugende Stoff sey.

Dieser Stoff ist die Ursache des Lebens der Dinge; er ist aber nur in seiner wahren Reinheit zu finden, da er zwischen dem Ausdehnungs- und Konkretionszustand das Mittel hält. In dieser Lage ist er die Quelle des Lebens, wie er durch die stärkere Ausdehnung, oder Konkretion die Quelle des Todes werden kann.

Eudiometrische Versuche beweisen, daß die Luft ihre Güte verliere, wenn sich viel Brennbares darinn befindet. Die Ursache ist ganz natürlich; da die reine Lebensluft das Brennbare häufig an sich zieht, so wird sie in dieser Operation selbst expansiv, verliert ihr elastisches Wesen, und wird der Gesundheit nachtheilig.

Wir dürfen nur brennbare Körper in der Lebensluft in verschlossenen Gefässen einer gelinden

den Wärme aussetzen, bald werden wir beobachten, wie die Lebensluft ihr Elastisches verliert, sich ausdehnt, und zuletzt detonirt.

Die Natur giebt uns eine schöne Gelegenheit, diesen Gegenstand, den ich da behandle, zu beobachten, während ein Donnerwetter am Himmel ist. Die Luft wird drückend und schwer, weil die Lebensluft das Brennbare, und die in der atmosphärischen Luft befindliche sulphurische Dünste begierig aufnimmt, und folglich ihre wohlthätige Wesenheit verändert.

Der thierische Körper fühlt bald den Abgang dieses zu unserer Existenz so nothwendigen Princips; die Athemluft wird drückend und schwer, weil es ihr an der erforderlichen Elastizität mangelt. Endlich ereignet sich, daß die immer das Brennbare anziehende Lebensluft die gröbern sulphurischen Theile verflüchtigt, und sie zur Detonation geschickt macht. Es erfolgt die Entzündung, und zugleich sucht sich die LebensLuft mit der brennbaren ins Gleichgewicht zu setzen, und erzeugt dadurch das Wasser, oder den Wetterregen.

Sobald dieser herabstürzt, erlangt die AthemLuft wieder ihr Elastisches, Thiere und Pflanzen leben auf, und genießen die große Wohlthat der Natur.

So groß, so wunderbar sind alle Erscheinungen der Natur; überall ist der Abdruck der Liebe eines Wesens, daß dieselbe regiert, und sie zur Erhaltung seiner Geschöpfe benützt.

Während der Zeit, als ein Theil der Lebens-Luft mit der Brennbaren das Wasser bildet, benützt ein anderer die mephytischen Dämpfe, verkehrt sie in nitröse Luft, bildet daraus Salpeter-Säure, und schwängert damit den befruchteten Regen zum Segen der Erde. So werden trockne Felder gelabt, und die dürstenden Pflanzen getränkt.

Höchst wunderbar ist diese chymische Operation der Natur, aber nicht weniger wunderbar ist die der thierischen Respiration und des Lebens der Pflanzen.

Der Mensch und das Thier ziehen mit jedem Athemzug eine Portion reine Lebensluft in sich. Die Beobachtungen geben, daß der Mensch in einer Minute 14 mal ein und eben so viel mal ausathme, und 30 Cubikzoll Luft einschlucke. Ganz verdorben zu neuer Respiration giebt er einen Theil davon wieder zurück. Das Pflanzenreich nimmt die durch den Athem der Menschen und Thiere verdorbene Luft auf, und da es das Fire und Brennbare mit seinen wässerigten Theilen verbindet, giebt es beym ersten Anblick der aufgehenden Sonne eine regenerirte Lebensluft wieder

wieder zurück, welche gleichsam als das erste Opfer vom großen Opferheerde der Natur zum Himmel steigt.

Wohlthätig kleidet sie sich ein in die balsamischen Gerüche, verbreitet neues Leben, neues Wohlseyn für jedes fühlende Geschöpf.

Wer bey diesen Phänomenen die Wirkende Gottheit verkennen kann, muß ein sinn- und gefühlloses Wesen seyn.

Ueber die Art,
wie die Luft sich verderbt, und wie sie ansteckend wird.

Die Luft wird schädlich, wie wir schon wiederholt gesagt haben, wenn ihr ihr elastisches Wesen entzogen wird, die Lebensluft, der Säure- erzeugende Stoff.

Verschiedene Ursachen rauben diesen Balsam der Natur; aber nur in zween Fällen ist dieser Raub möglich — durch Verflüchtigung, oder durch Konzentration, wodurch im ersten Falle die brennbare, und auch die mephytische Luft, im zweyten aber die fixe erzeugt wird.

Alles

Alles was epidemisch, schnell ansteckend, pestartig wirkt, geschieht durch Verflüchtigung des Säure = erzeugenden Stoffes; keine Epidemie ist ohne dieser Verflüchtigung möglich.

Diese Verflüchtigung, die die Ursache aller ansteckenden Krankheiten ist, ist zwar auf vielerley Art möglich; die hauptsächliche Ursache aber schränkt sich allzeit darauf ein, daß in unserer Atmosphäre etwas vorgehen muß, wodurch sich fixe, brennbare oder mephytische Luft entwickelt, die das Gleichgewicht der atmosphärischen Luft stört, und durch Beytritt des Wässerigten ein Miasma erzeugt. Die entfernten Ursachen dieser so traurigen Zufälle unter den Menschen hat der Herr Doktor und Professor der Arzneykunde, Joh. Graf, in seiner trefflichen Abhandlung über die jetzige Viehseuche schon gerüget.

Es ist nur, leider! allzuwahr, daß wir in der Geschichte der spätesten Zeiten die nämlichen Ursachen finden, die solche traurige Folgen erzeugt haben, und bey aller Erfahrung der Vorzeit sind die Menschen in der gegenwärtigen doch nicht weiser, nicht klüger, nicht vorsichtiger geworden.

Große Völkerwanderungen, langanhaltende Kriege, starke Viehtriebe, langwierige Belagerungen waren immer die Quelle ansteckender Seuchen.

Seuchen. Die nämlichen Ursachen unter den nämlichen Verhältnissen erzeugen in der Natur immer die nämlichen Folgen.

Eine große Menge Menschen, die sich auf einem gewißen Platze längere Zeit zu tausenden beysam befinden, wäre allein schon hinlänglich, die Luft schädlich zu machen; man kann nun denken, was erfolgen muß, wenn über das eine Menge Pferde und Hornvieh, Kranke und Todte, faulende Körper hinzu kommen, um das Uebel zu vollenden.

Das Pflanzenreich ist nicht im Stande, in iner solchen Gegend die Menge der verderbten Luft aufzunehmen, und sie wieder in reine zu verarbeiten. Aus Mangel dieser Verarbeitung verliert selbst die Pflanze schon ihr Nützliches und Gedeihliches; sie wird zum Genuß der Thiere und Menschen schädlich.

So verbreitet sich langsam der Keim des Uebels immer mehr und mehr, bis endlich die sich immer fort entwickelnden mephytischen Dünste die Luft übersetzen; da die Natur stets arbeitet, das Gleichgewicht herzustellen, so ist sie auch in diesem Falle nicht müßig. Die Lebensluft arbeitet mächtig, die schädlichen Dünste wieder zu zerstören, nach der Art, wie wir beym Gewitter beobachtet haben, da sie aber zu schwach wird, das Ganze zu verarbeiten, so bildet sich durch

den

den Zutritt der Feuchtigkeit eine Art von Miasma, oder anstecfenden Luftgifts, das als ein erzeugentes Wesen in der Natur zu circuliren anfängt, bis es wieder durch Zeit und Verhältnisse zersetzt und aufgelöset worden ist.

Ueber die Verschiedenheit
der drey Miasmen, und wie sie auf die Körper wirken.

Die Miasmen, oder Giftwesenheiten in der Luft sind verschieden; sie verhalten sich aber alle nach den verschiedenen Proportionen, nach welchen das Wässerigte in der Atmosphäre mit mephytisch, brennbarer oder fixer Luft saturirt ist.

Nach der Verschiedenheit der Menge dieser Luftarten bildet sich eine Säure, die ebenfalls nach der Art ihrer Bestandtheile entweder mephytisch, brennbar oder, fix ist.

Jedes Miasm kann zersetzt und untersucht werden, wenn man sich seine Säure zu erhalten bemüht, und diese in die Luftarten auflößt.

Hat die brennbare Luft im Miasma die Oberhand, so wirkt das Gift durch schnelle Entzündung, verursacht Inflammation, Geschwulsten, Pestbäulen und dergl.

Hat

Hat die fixe Luft die Oberhand, so entstehen Suffokationen, Steckkatarre, heftige Husten, Coeluche, Kripps, Influenza, Nervenzukungen, Konvulsionen ꝛc.

Hat die mephytische Luft die Oberhand, so entstehen Gallfieber, faulartige Krankheiten, bösartige Geschwüre, Gangrene und Faulfieber.

Allen möglichen Miasmen liegt die mehr oder mindere Entwicklung dieser 3 Luftarten zu Grunde, und alle ansteckende Luftgifte bilden sich nach der Verschiedenheit ihrer Modifikationen, wodurch sie mit dem Zutritt der Feuchtigkeit Säuren bilden, und ein ansteckendes Wesen in der Natur erzeugen.

Diese neue und für die Menschheit interessante Erfahrungen beweisen, daß es nicht unmöglich ist, daß man auf gleiche Art alle Schärfen im menschlichen Körper, die sich bey verschiedenen Krankheiten ansetzen, untersuchen und zergliedern könne, und wie viele radikale Hülfsmittel könnte der Mensch nicht entdecken, wenn man z. B. das Blatterngift, die skorbutische Schärfe, das venerische Gift, die Schärfe der Krätze, den Tartar und die Podagra-Schärfe untersuchte? —

Als ausgemacht können wir immer annehmen, daß jedes Miasma als eine flüchtig- und höchst konkrete Säure, als eine subtile Flüßigkeit in der Luft zirkulire, und auch manchmal als höchst flüchtiges Salz in konkreten Zustand übergehet, in welchem Zustande es so gern die Ansteckung fortpflanzet, und nach Beschaffenheit der Umstände und der Art der Wiederverflüchtigung oftmals vom neuen wieder zu wüthen anfängt, wenn man es schon für erstickt hält.

Nach Beschaffenheit der Miasmen ist natürlicher Weise auch die Wirkung verschieden. Die epidemischen Krankheiten gleichen sich daher nicht, und aus eben diesem Grunde muß man bey Verschiedenheit der Wirkungen auch auf Verschiedenheit der Mittel denken, denn das, was bey gewissen Umständen gut gethan hat, kann nicht unter andern Umständen eine gleich heilsame Wirkung hervor bringen.

Will man bey ansteckenden Krankheiten mit Vernunft zu Werk gehen, so ist allzeit das Nöthigste, daß man dem Miasma nachforsche, und sich dieses chemisch zu zerlegen bemühe, damit man die wahren Bestandtheile des ansteckenden Giftes erkenne: alsdenn, wenn man genau auf die Wirkungen und Simptomen acht hat, kann man in ähnlichen Fällen auf ähnliche Ursachen schließen, ohne daß man genöthigt ist, die Sache neuerdings wieder zu untersuchen.

Nur aus der Kenntniß der Beschaffenheit des ansteckenden Giftes allein kann man die wahren

Heilmit-

Heilmittel, und die Art, wie die Ansteckung des Giftes sich fortpflanzt, entdecken; alles übrige ist unnütze Arbeit, und heißt blindlings zu Werk gehen, denn man hat viel zu rathen und zu probiren, bis man das Wahre errathet und erprobt.

Manchmal kann das Uebel schon unersetzlichen Schaden verursacht haben, bis der Arzt das Räthsel auflößt, das ihm die Natur vorlegt.

Oft hab ich mich schon verwundert, daß man bey so vortreflichen Entdeckungen der eudiometrischen und hydropneumatischen Apparate die Wissenschaft der Zergliederung nicht noch besser benützt hat, denn es ist gewiß richtig, daß die Natur kein der Gesundheit des Menschen nachtheiliges Miasma, noch der menschliche Körper eine unbekannte schädliche Schärfe erzeugen kann, die nicht durch Beyhülfe der neuen Entdeckungen erforscht und zerlegt werden könnte.

Freylich ist diese Arbeit nicht die angenehmste, und manchmal mit vieler Gefahr, sich selbst zu vergiften und anzustecken, verknüpft: allein da Gott dem Menschen Vorsicht und Klugheit gab, so ist immer der Gefahr auszuweichen, wenn die hiezu dienlichen Wehrmittel mit Kenntniß der Sache verbunden werden.

C 3   Ich

Ich habe schon vor einigen Jahren, da ich für die hiesige Akademie der Wissenschaften über die Verbesserung der Athemluft in großen Städten und die nachtheiligen Folgen des Verderbnisses derselben eine Abhandlung schrieb, die höchst gefährlichen Versuche mit durch Katzenodem vergifteter Luft unternommen; allein die neuern Entdeckungen, die man bey solchen Zergliederungen macht, lohnen den Wohlwollenden reichlich für die Gefahr, der er sich aussetzte.

Und bey allem dem ist doch immer auch der Gedanke aufmunternd, wenn man einen Weg zum Wohl der Menschheit antritt, den sich wenige zu betreten getrauen. Wird auch der Redlichgesinnte das Opfer seines Unternehmens, so wird ihn Der lohnen, der uns das Wohl unsers Brudergeschlechts so nahe ans Herz legte.

Freylich darf man bey allem dem von der Welt, und oft von seinem Vaterlande wenig Dank hoffen, doch der Gute rechnet nicht auf Dank, sein Zweck ist, zu nützen. Er arbeitet bey allen Hindernissen, die man ihm in Weg legt, bey allen Verdrüßlichkeiten, die man ihm macht, immer thätig fort, und wie mehr die Stürme der Unwissenheit und des Undankes gegen ihn toben, desto reiner werden seine Gesinnungen. So fangen wir an das Gute nach und nach bloß darum zu thun, weil es gut ist, und unsere Liebe

Liebe für die Menschheit wird reiner, und lohnender unser Bewußtseyn.

Eudiometrische Versuche
über
das, bey dermalig herrschender Viehseuche,
in der
Luft befindliche Miasma.

Durch Beyhülfe eines meiner Freunde, der mir Gelegenheit verschaffte, in Ställen, wo eine Menge Hornvieh krank lag, die Luft aufzufangen, sammelte ich eine hinlängliche Quantität, um hierüber Versuche anstellen zu können.

Ein Theil dieser Luft war bloß aus den Ställen genommen, wo vieles Hornvieh krank war, ein anderer Theil war unmittelbar aus den angesteckten Thieren selbst, den wir durch die aufgefangene Respiration erhielten, und nach den Gesetzen der Luftuntersuchungen behandelten.

Die Resultate waren folgende:

I.

In der Luft, die ein sehr krankes Thier durch die Respiration von sich giebt, brennt ein Talk-licht

Licht keine halbe Sekunde, und zeigt daher die äußerste Verdorbenheit an.

2.

Luft, die in Ställen aufgefangen wurde, darinn viele Thiere krank lagen, verhielt sich auf folgende Art: Ein Wachslicht, deren 6. ein Pfund wägen, und welches beym Verbrennen in guter Luft um 88. Gran abnahm, nahm in dieser Luft um 55 1/2 Gran ab. Das Verhältniß der Verdorbenheit der Luft war folglich wie 55 1/2 zu 88.

3.

Unter den nämlichen Umständen — ich setze, daß keine Luftverbesserung durch Abdampfen des Eßigs oder eine andere Art vorgenommen worden ist — nimmt die verderbte Stallluft, wie mehr sich die Mittagszeit nähert, an Verdorbenheit zu, so, daß man selbe durch den Anwachs von 4 oder 5 Gran der Verschlimmerung erkennen kann.

Da diese Erscheinung bey kalter Witterung geschah, so kann man wohl schließen, was bey warmer Witterung zu erwarten ist, da die ausdehnende Kraft der Natur noch wirkender wird, folglich das flüchtige Gift noch mehr verflüchtigt wird.

4. Die

4.

Die weitern Resultate waren die gewöhnlichen einer höchst verdorbenen Luft. Vögel fiengen an darinn zu sterben, Lichter zu verlöschen, und aus dem Kalkwasser wurde der Kalk durch selbe niedergeschlagen.

5.

Da man diese Luft durch Verflüchtigung in einer mit Wasser benetzten Glasglocke in einen flüßigen Zustand zu bringen suchte, so zeigte sich ein höchst flüchtiges, mephytisches Acidum, welches mit einem fixen Alcali in länglichte, schiefwinklichte Cryſtallen anschoß, und Rhomboiden bildete; — mit flüchtigem Alcali aber dreyeckigte, am Ende abgestumpfte Prismen, wodurch es seine mephytische, höchstflüchtige Wesenheit zu erkennen gab.

Verbindet man diese Säure mit öligten Substanzen, und einer absorbirenden Erde, so erzeugt sich ein volatilisches Alkali, welches der natürliche Erfolg einer mephytischen Säure mit obigen Bestandtheilen ist.

Folge=

Folgerungen
aus
der Erfahrung.

Dieses Miasma ist also mehr flüchtig als brennbar und fix, folglich höchst auflösend und Fäulniß hervorbringend; es verflüchtigt die Galle, da es ihr das Oeligt- und Elastische benimmt, und verzehrt die salsenartigen Säfte, da sie dieselben scharf macht und auflöset.

Wir wissen aus der Theorie der Fäulniß, und den hierüber angestellten Erfahrungen, daß jede verdorbne Luft meistens unter die Gestalt der firen Luft aus den Körpern tritt; da aber diese von der Feuchtigkeit eingesogen wird, so entwickelt sich dann die brennbare, und bey Verflüchtigung die mephytische Luft.

Man muß daher bey den Versuchen, die man anstellt, äußerst sorgsam zu Werke gehen, nicht zu voreilig schließen, und die Progreßionen abwarten, denn alle Erscheinungen und Wirkungen erfolgen in der Zeit, und haben ihre Perioden.

Die Natur verändert nie ihre Gesetze; die Veränderung des Konkreten ins Flüßige, des Flüßigen ins Gas- oder Luftförmige, und so wieder zurück, ist die Operation, der sie ewig getreu bleibt.

Nachdem

Nachdem wir nun durch Erfahrungen das Miasma zerlegt haben, seine Bestandtheile kennen, so läßt sich leicht auf seine Wirkung und Fortpflanzungsart schließen:

Das

dermalige, theils in der Luft, theils in den Pflanzen befindliche Miasma, wodurch das Vieh angesteckt wird, erzeugt Fäulniß.

Ehe wir diesen Satz behandeln, ist nöthig zu erörtern, welches Gesetz die Natur überhaupt bey der Fäulung beobachtet, und was denn in einem faulenden Körper vorgeht.

Die Beobachtung belehrt uns bald, daß die thierische Fäulniß eine chemische Operation der Natur ist, wodurch sie die animalischen Körper zersetzt, und in ihre flüchtige Bestandtheile auflöset. Ihre Medien sind — Wärme, Feuchtigkeit und Zutritt der äußern Luft.

Das Faulen der Körper hat mit dem Verbrennen derselben viele Aehnlichkeit. Kein Körper kann brennen, ohne daß nicht Lebensluft absorbirt wird, denn durch Absorbtion der Lebensluft wird das Feuer unterhalten. Eben so kann kein Körper faulen, wenn er nicht sukzessiv Lebensluft absorbirt. Durch Absorbtion wird die Luft fix; diese vermischte sich mit der Feuchtigkeit, und tritt wieder als brennbar und mephytisch in die äußere Luft.

Durch

Durch die beständige Absorbtion wird die Fäulniß immer vermehrt; weil sie ringsherum das Band, das die animalischen Körper zusammen hält, auflößt und verzehrt, und eine gänzliche Dissolution der Theile verursacht. Die soliden Theile werden aus Mangel an Elastizität ausgedehnt, schlapp, der Zustand der Verflüchtigung fängt an, und die Auflösung ist ihr Ende.

Keine Fäulniß hat ohne innere Wärme statt, wodurch sie bewirkt wird; die innere Wärme aber, oder faulartige Entzündung entsteht eben dadurch, daß die Federkraft der Theile aus Mangel des elastischen Wesens nachläßt, und so in den Zustand der Ausdehnung übergeht.

Da sich in der Natur alles analog verhält, so liefert uns dieselbe in der Verkalkung der Metalle ein Sinnbild der Auflösung. Der Grundstoff der reinen Luft vereinigt sich mit den äußern Theilen der Metalle, und bringt die Verkalkung hervor; das will sagen, sobald der Grundstoff der reinen Luft in konkreten Zustand übergeht, wirkt er nicht mehr elastisch, und so wird den äussern Theilen nothwendig das Band ihrer Festigkeit entzogen, sie verflüchtigen sich, und die Einwirkung des äußern Luftstoffes und der atmosphärischen Luft bringt sie zur Vereiterung.

Jedes

Jedes Metall in seiner Verkalkung nimmt an Gewicht zu, und dieses eben darum, weil die Verkalkung eines Metalls in seiner Vereinigung mit dem Grundstoffe der reinen Luft besteht, woraus man sehr deutlich sieht, daß dieser mit dem Metall sich vereinigende Luftstoff in seinem konkreten Zustande die Vermehrung des Gewichts in sich verkalkenden Metalle verursachet.

Zur Existenz jedes Körpers, der aus flüßigen und solden Theilen besteht, ist nothwendig, daß die Luftstoffe theils in einem konkreten, theils in einem ausgedehnten Zustande erscheinen, nach Proportion und Maaß. Wird diese Proportion gestört, und das Gleichgewicht gehoben, so nimmt die überwiegende Kraft an Stärke zu, und der Körper wird entweder mehr verflüchtigt, oder mehr figirt.

In diesem Gesetze bestehet die ganze Theorie der Schwerkraft, und der Kraft der Leichtigkeit, der Thätigkeit und der Inertie.

Die Analogie läßt uns bey thierischen Körpern, wenn sie ihres Lebens beraubt werden, eben das beobachten, was sie uns bey Zerstörung der Metalle beobachten läßt, nämlich, daß sie an Schwerkraft zunehmen, und ist nicht der Anfang des Todes bey thierischen Körpern in Rücksicht der Fäulniß eben das, was bey den
Metallen

Metallen der Anfang der Verkalkung ist in Rücksicht der Auflösung.

Nehmen wir nicht bey allen thierischen Theilen, die entweder in Entzündung, oder zuletzt in Gangren übergehen, zuerst eine Verhärtung, dann die Entzündung, und zuletzt die Auflösung wahr? Kann nicht hier die nämliche Ursache obwalten, daß durch einen Stoß, oder eine Quetschung, oder Verstopfung nach dem allgemeinen Gesetze das Flüßige ins Konkrete übergeht, und die nämlichen Wirkungen hervor bringt, nur unter andern Modifikationen?

Einheit der Gesetze ist das Große der Natur, die immer Eines aus dem Andern bildet, Eines aus dem Andern entwickelt. Studierten wir mehr ihr Inneres, so würden wir bald anfangen, das Einfache in ihrem allesbegreifenden Buche zu lesen, und die Vielheit unserer schwankenden Meinungen verlassen.

Bey jeder Fäulung geht zuerst Konkretion des reinen Luftstoffes vor, nun kann aber in keinem Körper diese Konkretion Platz haben, ohne daß nicht die äußern Theile an dem, was sie erhaltet, verlieren, und der Grund der Auflösung ist gelegt.

Sobald der reine Luftstoff in einem Körper in konkreten Zustand übergeht, so verlieren die äußern

äuffern Theile an Elastizität; es entsteht Mangel an Reaktion, sie werden mehr ausgedehnt, verflüchtigen sich; das Brennbare und Mephytische entwickelt sich aus selben; der Grundstoff der atmosphärischen Luft wirkt heftig auf dieselbe, und befördert so die Auflösung.

Beweise hievon giebt uns wieder die Erfahrung. Warum sucht man Wunden und Geschwüre gegen den Zutritt der äußern Luft zu sichern, als aus der nämlichen Ursache? Ueberal wo ein Geschwär, eine Eiterung ist, verläßt der Grundstoff der reinen Luft die äußern Theile. Daher verschlimmert die äußere Einwirkung der Luft die eiternde Wunde, macht sie unrein und faul, weil sie die Auflösung befördert.

Aus welcher Ursache erhält sich das Fleisch in Eiskellern? — Aus keiner andern, als weil die abstringirende Kraft der Kälte die Einwirkungen des äussern Luftstoffes abhält, der die Auflösung bewirkt. — Warum haben wir Erfahrungen, daß durch den vielen Gebrauch des kalten Wassers allein oft Faulkrankheiten geheilt worden sind? Und warum werden in Italien bloß durch den häufigen Genuß von Gefrornen manche dieser Kranken hergestellt?

Es ist immer nothwendig zu wissen, wenn man das Gesetz der Fäulniß ganz kennen will,
welche

welche chymische Operation im Innern der faulenden Körper vorgeht. Wir haben gesagt, daß überall, wo Auflösung oder Fäulniß entsteht, zuvor die Basis der Lebensluft in konkreten Zustand übergehen müße. Was geschieht aber bey diesem Uebergange?

Die Basis der Lebensluft vereinigt sich bey dieser Konkretion mit dem in den Körpern sich befindlichen Kohlenstoff, und erzeugt daher zuerst fixe Luft. Bey dieser Vereinigung wird das Brennbare frey, und die Basis der übrigen Lebensluft, die das Thier theils einathmet, theils aus den übrigen Theilen des Körpers noch zieht, verbindet sich mit dem Brennbaren, und erzeugt mit selben theils Wasser, theils durch Verbindung mit der mephytischen Luft nitröse Säure, die sich bey jeder Fäulniß entwickelt.

Bey diesen vorgehenden Operationen formirt sich ein flüchtiges, luftsaures Alkali, das man überhaupt in der Destillation aller thierischer Substanzen erhält, und auch bey der Fäulniß geht eine Art von Destillation vor.

Die in diesem flüchtigen Alkali enthaltene Basis der brennbaren Luft vereinigt sich wieder mit der noch freyen Lebensluft, setzt die Bildung der Feuchtigkeit fort, da der übrige Bestandtheil des flüchtigen Alkali sich mit dem
noch

noch übrigen Origen, welches zur Bildung der Feuchtigkeit noch nicht verbraucht worden ist, vereinigt, mit nitrösen Stoff erzeugt, der sich durch die Verflüchtigung ins mephytische auflöst, und mit einem andern Theile der im Körper noch befindlichen Stickluft ins Freye übergeht.

Diese Operation wird man bey allen faulenden Körpern beobachten, und sie bringt die verschiedenen Erscheinungen, die wie bey der Fäulniß beobachten, hervor.

Man muß die Wirkungen der Luftarten unter einem dreyfachen Gesichtspunkte betrachten; als:

1. in Gas = oder Luftförmigen Zustande;

2. mit andern Körpern vermischt,

3. mit Körpern als Bestandtheile verbunden.

So erzeugt sich durch Vereinigung der mephytischen und brennbaren Luft mit der Basis der Lebensluft nach gewissen Proportionen das Phosphorische

phorische in den faulenden Körpern, dessen flüchtiges Wesen durch die Bande der Feuchtigkeit zurückgehalten, sich langsam entwickelt.

Dieses phosphorische Wesen ist aber unter dem Gesichtspunkte, daß es theils mit andern Körpern vermischt, theils einen Bestandtheil der faulenden ausmacht, von einer ganz andern Beschaffenheit, als selbes abgesöndert in seiner ursprünglichen Reinheit ist.

Es ist aber nicht genug, daß wir wissen, daß bey jedem Anfange einer Fäulniß der Grundstoff der reinen Luft in konkreten Zustand übergeht; es ist auch nöthig zu wissen, in welcher Form dieser Grundstoff in den thierischen Körpern in dem Zustand ihres Wohlseyns erscheint.

Die Erfahrungen zeigen uns, daß dieser Grundstoff als das Säure-erzeugende Princip die reine Phosphorsäure in der Natur bilde; hierüber haben wir von verschiedenen Chymikern Erfahrungen genug.

Wenn

Wenn Phosphor in reiner Lichtluft verbrennt wird, so erzeugt sich reine Phosphorsäure, und nimmt an Gewicht so viel zu, als der brennende Phosphor Lichtluft absorbirt hat. Die Lichtluft, Lebensluft, der allgemeine Säurestoff, das Oxigen ist daher das primum constituens der Phosphorsäure, und wir können sagen; wenn die Lebensluft im flüßigen Zustande erscheint, so erscheint sie als reine Phosphorsäure: wie wir sagen können, wenn sich ein Theil Lebensluft mit brennbarer verbindet, so erscheinen diese zwey vereinigt als Wasser.

Da nun die Lichtluft, Lebensluft ꝛc. der wesentlichste Bestandtheil dieser Säure ist, diese Lebensluft aber wirklich der Balsam der Natur ist, so muß folglich die reine Phosphorsäure den ersten Rang unter allen Säuren erhalten.

Die Qualitäten der Körper verhalten sich nach den Quantitäten ihrer Kräfte oder konstituirenden Theile; die Wirkungen der Säuren als Qualitäten müßen sich daher nach den Verhältnissen der Luftarten, die ihre Quantitäten ausmachen,

machen, nothwendig verhalten, denn sie können nur als Organ betrachtet werden, worinn die Luftarten wirken, jede Säure wirkt aber nur darum auf Körper, weil sie sich zerlegen und in Luftarten auflösen läßt, um dadurch neue Wesenheiten zu bilden.

Die reine Phosphorsäure kann daher als Lebensluft im flüßigen Zustande angesehen werden, und dadurch als das Organ, wodurch die animalischen Geister wirken — als das Lebensprincip von Licht und Wärme in den thierischen Körpern.

Da die Phosphorsäure das Organ der Lebensluft, des Säure-erzeugenden Stoffes ist, so wird sie eben dadurch das aller Fäulniß widerstehende Princip, Grund der Kohäsion, Festigkeit und Energie der Theile.

Eben diese Phosphorsäure, mit mehr oder weniger Vermischung des Brennbaren, und mit verschiedenen Erden versetzt, konstruirt die animalischen Theile.

Phosphor-

Phosphorsäure verbunden mit Kalkerde er:
baut den Knochen, oder das Bein; es fragt
sich, mit welchen Erdarten sie im Blut und
Fleisch des Menschen verbunden ist? Auch
hierüber hat der Chemiker Erfahrung. Kalzi-
nirt man Blut oder Fleisch, und streut Kohlen-
gestiebe auf die kalzinirte Masse, so erhält man
aus beyden eine Art von Eisenschlacke. Diese
entsteht, da die kalzinirte Masse das Brennbare aus der Kohle aufnimmt. Wenn man nun
diese eisenähnliche Schlacke ferner zergliedert,
so erhält man die Phosphorsäure als das Ge-
bundene, und zweyerley Erdarten als die bin-
denden Theile, wovon eine der Koboldterde,
und die andere der Tonerde nahe kommt.

*) Man weiß überhaupt, daß man aus allen
thierischen Körpern, die man chemisch untersucht, folgende Bestandtheile erhält — als
Wasser, Oel, flüchtiges Salz, phosphorische
Säuren, Laugen, und Eisenerde — bey wei-
terer Zerlegung der Eisenerde kann aber immer
bey genauer Beobachtung unter gewissen Umständen Kobolt-Erde gefunden werden — ver-
muthlich

Im Blut, im Serum, mit einem Worte: aus allen animalischen Säften und Theilen kann man Phosphorsäure ausscheiden. Wir beobachten, daß die rothe Farbe des Bluts sich bloß durch die mehr = oder mindere Konzentration dieser Säure unterscheide; in dem konzentrittesten Zustande, oder im plus ihrer Sättigung mit Lebensluft erscheint sie in Verbindung mit andern irrdischen und wässerigten Bestandtheilen als gelb; im ausgedehnten Zustande als roth; noch ausgedehnter als schwarz.

Wie

muthlich ist diese im Blut befindliche Kobolt=
Erde die Ursache der Erzeugung des schönen
Berliner Blaues durch die Blutlauge.

Das Mittelsalz, das man durch Vermischung
der Kohle mit Wasser erhält, die bey der
Destillation des Blutes zurück bleibt, kommt
dem Mittelsalz sehr nahe, das man durch
Verbindung eines mineralischen Alkali mit
Phosphor=Säure erhält. Denker werden hier
viel Aufschlüsse finden

Wie mehr sich diese Säure ausdehnt, je mehr verliert sie an ihrem elastischen Wesen, und geht ins höchst Flüchtige über. Man könnte glauben, das Gesetz wäre umgekehrt, und die Phosphorsäure müßte wirksamer seyn in der Konzentration, als in der Ausdehnung: die Erfahrung aber beweißt, daß sie erst alsdenn nützlich wirke, wenn sie das Mittel hält zwischen der Ausdehnung und Konkretion, und daß sie in beyden letztern Fällen allzeit ihre wohlthätige Wesenheit verliert, wenn sie zu flüchtig oder zu fix wird, weil sie dadurch sich mit andern gasförmigen oder konkreten Bestandtheilen vermischt, und folglich ihre Wesenheit verändert.

Aus vorstehenden Erfahrungen und Beobachtungen können wir daher leicht schließen, daß das in der itzigen Viehseuche in der Luft, und auch einstheils in den Vegetabilien enthaltene Miasma, das Fäulniß hervor bringt, durch die Phosphorsäure zersetzt werden kann. Da bey jedem faulenden Körper ein Theil der Lebensluft mit dem Kohlenstoff sich vereinigt, ein anderer Theil mit dem Brennbaren zur Feuchtigkeit wird, so sehen wir deutlich, daß die reine Phosphor-Säure im Körper zersetzt wird, und nothwendig andere Gestalten annehmen muß. Aus dieser Zersetzung entsteht Mangel der Kräfte und des elastischen Wesens, eben darum, weil das Organ zerstört worden ist, worinn die Phosphorsäure wirkte, und die Körper müssen sich auflösen; wie das Verbrennen einer Kerze durch Verflüchtigung des Wachs- oder Talkes, das in jedem Augenblick verbrennt, erfolgt, so wird die Fäulniß eines Körpers durch Verflüchtigung der öligten Theile, die er enthält, und die ebenfalls jeden Augenblick erfolgt, bewirket.

Das Gleichgewicht der das Leben erhaltenden Säfte ist in einem faulenden Körper gestört, und statt reiner Luft entwickelt sich aus allen Theilen tödtliche, fixe und mephytische Luft. Die Erfahrung, die man hierüber mit einem hydropneumatischen Apparat anstellen kann, belehrt, daß, wenn man ein Fleisch, das in Gährung ist, mit Salpetersäure übergießt, sich nur

nur tödtliche, fixe und mephytische Luft entwikle.

Bey der Fäulniß wird, also das Oeligte, das Saifenartige zersetzt; die Frage ist aber: was ist dieses Oeligte und Saifenartige in den Körpern?

Die neuern Erfahrungen, die ich über das Licht, als das Princip der Dinge gemacht habe, überzeugten mich, daß diejenige flüßige Materie, die beym Verbrennen eines Körpers aus selben tritt, und sich besonders bey glühenden Kohlen sichtbar und schwebend ober ihnen zeigt, die wahre Materie des Lichts sey, wie sie im flüßigen Zustande aus den Körpern tritt. Diese Materie verursacht das Leuchtende in der Natur; sie ist wirklich Licht im flüßigen Zustande, und geht bey stärkerer Ausdehnung in Lichtluft oder Lebensluft über.

Diese Materie ist die Grundursache alles glänzenden Wesens, und wird beym Zutritt und Vereinigung des Brennbaren der Grundstoff alles Oeligten.

Der gelehrte Chemiker Wenzel bemerkte schon bey der Zergliederung der Salze, daß in jedem Salze sich ein noch unbekanntes Anneigungsmittel befinde, das mit dem reinen Brennlichen genau verbunden ist. Mit etwas Wasser vermengt zeigt sich dieses Anneigungsmittel als ein flüchtiger, sowohl in Säuren als Wasser aufzulösender, fett und schmierig anzufühlender Körper, welcher der Grund der Leichtflüßigkeit und der Verflüchtigung alles Feuerbeständigen ist, und die Auflösung aller alkalischen Salze im Wasser bewirkt. Diese Materie, die ich die Lichtmaterie im flüßigen Zustande nennen wollte, ist der Grund aller Attraktion und Elastizität, welches zu beweisen ich eine große Menge von Erfahrungen habe, die ich in einer besondern Abhandlung über das Licht liefern werde. Verbindet sich diese Materie mit dem Kohlenstoff, so konstruirt sie die Wärme=Materie, die nicht als Wesenheit in der Natur existirt, sondern so oft erscheint, als sich dieses elastische Wesen in den Körpern durch Bewegung entwickelt und mit dem Brennbaren vereinigt. Eben diese Materie verursacht das Oeligt= und Schmierige im Phosphor,

-phor, das Leuchtende, das aus allen faulen Körpern tritt; sie ist der Grund der Diaphanität, die Ursache des Glanzes der Edelgesteine und der Metalle. Durch ihre Modifikation in den Säuren erzeugt sie die Verschiedenheit der Farben; in den thierischen Körpern bringt sie das Salsenartige hervor; erhält die Säfte flüßig, schränkt das Brennbare ein, damit es den Körpern nicht nachtheilig werden kann.

Die fernern Untersuchungen geben nun zu erkennen, daß diese Materie einer der Haupt-Bestandtheile der Phosphorsäure ist; durch sie verbindet sich die Luft und Lebensluft mit der brennbaren, und bildet dadurch ein Wesen, das von der Licht- und Wärme-Materie, und im eigentlichen Sinne Luft- und Feuerträger ist, und gemeiniglich Phosphor genannt wird.

Wird der Phosphor in freyer Luft verbrennt, oder derselben zur Zerstörung ausgesetzt, so giebt die Erfahrung, daß zuletzt eine flüßige saure Materie zurück bleibt, die wenn sie wieder mit

Brenn-

Brennbarem gesättigt ist, einen wahren Phosphor herstellt.

Bey jeder Zerstörung der Phosphorsäure legt sich zugleich ein Theil Luft, die von der gemeinen Luft, wie die Chemiker sagen, verschieden ist, an die übergebliebene Säure, und vergrößert ihr Gewicht: wenn man aber weiter untersucht, was diese Luft sey, die mit Zerfließung des Phosphors in flüßigen Zustand übergeht, so zeigt uns die Erfahrung, daß sie die reine Lebensluft sey; denn zersetzt man Phosphor in der Lebensluft, so nimmt die Säure so viel an Gewicht zu, als sie Lebensluft absorbirt hat; Verbrennt man aber Phosphor in einer gemischten Luft, und untersucht diese wieder, so ist bloß der Theil der Lebensluft absorbirt.

Diese Lebensluft, da sie aus dem expansiven und gasförmigen Zustand in flüßigen übergeht, gestaltet ein flüßiges, höchst subtiles Wesen, dessen sie sich dann als ein Medium bedient, um sich mit dem Wasser zu vermischen, und

durch

durch Aufnahme des Brennbaren eine Säure zu bilden.

Es kann uns bey diesen Untersuchungen kein Zweifel mehr übrig bleiben, daß nicht die reine Phosphorsäure alles zu ersetzen im Stande ist, was uns die Auflösung und Fäulniß raubt — den Grund der Kohäsion, der Elastizität, der Festigkeit und Energie der Theile.

Der königliche Leibmedikus Lentin zu Hannover, der die so interessante Abhandlung vom Gebrauch der Phosphorsäure beym Beinfraß schrieb, bewieß ihre nützliche Anwendung durch die Erfahrung.

Der Beinfraß ist eine wirkliche Knochenfäulung; das Bein verliert seine Konsistenz, seinen Glanz, es wird morsch, und löst sich auf. Die Phosphorsäure ersetzt ihm alle diese verlorne Güter wieder, und hält folglich alles das in sich, was es so reichlich darglebt.

Die

Die Analogie zeigt uns, daß bey jeder Fäulung Abgang an diesen verbindenden Wesen ist, und wo Mangel ist, muß das Mangelnde ersetzt werden, und nur jenes Mittel kann es ersetzen, welches dasjenige reichlich enthält, was dem Körper geraubt worden ist.

Oben haben wir schon weitläuftig ihre Wirkungen erklärt, und bewiesen, daß der Säure-erzeugende Stoff, die reine Lebensluft, die sie enthält, nothwendig die animalischen Säfte origenisiren muß, wodurch die Theile ihre Elastizität wieder bekommen, und die Auflösung aufhöret.

Man frage sich: warum sind überhaupt die Säuren der Fäulniß widerstehende Mittel? — Was widersteht denn in den Säuren der Fäulniß? — und wir werden finden, daß es das Princip der Säuren, der Säure-erzeugende Stoff ist. Wie mehr also von diesem in einer Säure enthalten ist, desto mehr wird die Säure der Fäulniß widerstehen. Wo kann man aber diesen

diesen Säurenstoff mehr in seiner Reinheit, mit weniger Brennbarem vermischt, als in der reinen Phosphorsäure finden? —

Das, was ich sage, ist nicht bloße spekulative Vernunft, sondern durch Erfahrung bestättigte Wahrheit — Vernunft mit Erfahrung, und Erfahrung mit Vernunft, ist der Schlüssel zu den Geheimnissen der Natur. Wer diesem widersprechen will, dem fehlt es entweder an Verstand, oder Willen, oder an beyden zugleich; das will sagen, er ist entweder dumm oder boshaft, oder beydes zugleich.

Wir wissen, daß alle Körper des Thier- und Pflanzenreiches der Zerlegung in ihre einfachere Theile durch die Fäulniß ausgesetzt sind, unter dem Bedingnisse, daß die zur Fäulniß erforderliche Menge von Feuchtigkeit vorhanden ist, und die Körper der Wärme und freyen Luft ausgesetzt sind.

Jeder thierische Körper, der durch die Fäulniß zerstört wird, giebt zuerst einen eigenen, ekelhaften, faulen Geruch von sich, diesem folgt
hienach

hinnach deutlich ein urinöser, und bey manchen Körpern folgt diesem der Bisamgeruch nach.

Die Erfahrung giebt, daß man aus jedem gänzlich faulenden Körper, er mag aus dem Thier- oder Pflanzenreiche seyn, durch die Destillation oder Sublimation ein urinöses Salz abscheiden kann, auch findet man bey dem vergrößerten Grade der Wärme und dem verminderten der Feuchtigkeit, daß sich ein leuchtendes Wesen entwickelt, das phosphorisch ist.

Wenn wir nun diese Erscheinungen bey faulenden Körpern mit jenen Erscheinungen vergleichen, die bey Verfertigung des Phosphors erfolgen; so werden wir nicht mehr zweifeln, daß jene in den thierischen Körpern befindliche ursprüngliche Säure, die zur Erhaltung des Lebens nothwendig ist, eben die sey, welche, wenn sie mit Brennbarem versetzt wird, den Phosphor bildet.

Die chemischen Erfahrungen bestättigen, daß jede urinöse Säure, vorzüglich die, die aus Thier-Knochen ausgeschieden wird, sobald sie mit Brennbarem versetzt wird, den Phosphor ausmacht.

Diese

Diese Erscheinungen beweisen dem genauen Naturforscher hinlänglich, weß edler Natur diese Säure seyn müße, die so bald im Stand ist, mit dem Brennbaren der Kohle, oder des Rußes ein Wesen zu bilden, das im konkreten Zustande ganz Licht und Feuer ist.

Aus allen diesen Erfahrungen, die theils in diesem Abschnitte, theils in den vorhergehenden abgehandelt worden sind, wird man wohl darauf aufmerksam gemacht worden seyn, daß man die Phosphorsäure nicht mit dem Phosphor selbst vermengen müße. Wir wissen, daß der Phosphor erst durch den Zutritt des Brennbaren entsteht; ehvor sich also dieses Brennbare nicht mit der Säure vereint, müßen sich ihre Eigenschaften ganz anders verhalten; auch ist zu bemerken, daß mehr, oder weniger Zutritt des Brennbaren ihre Wirkungen und Eigenschaften verändere.

Erfahrungen.

Durch die reine Phosphorsäure, die ich oxigenisirte Phosphorsäure nennen wollte,

1.

werden ranzigte Oele wieder versüßet.

2.

Scharf gewordene Säfte erhalten wieder ihr Saifenartiges.

3.

Gestocktes Blut kann wieder flüßig gemacht werden.

4.

Faules und in die Auflösung übergegangenes Fleisch erhält dadurch wieder seine natürliche Konsistenz.

5.

In allen der Fäulniß widerstehenden Mitteln ist Phosphorsäure das wirkende Princip. Man erhält sie aus Kampfer, aus dem Moschus, und man kann also leicht schließen, warum Kampfer und Moschus so vortrefflich wirkende Mittel in Faulfiebern sind.

Ueber die Art
die Phosphorsäure zu erhalten.

Die Phosphorsäure wird auf dem Wege der Komposition, und Reduktion erhalten.

Auf dem ersten Wege erhält man sie durch die Destillation des Urinsalzes aus den Knochen der Menschen und Thiere; es läßt sich auch Phosphor erhalten aus der Kohle einiger Körper, als z. B. des weißen und schwarzen Senfts, des Gartenkreßsaamens, des Waitzens ꝛc.

Auf dem Wege der Reduktion erhält man die Phosphorsäure, da man den verfertigten Phosphor wieder in Säure reduzirt. Dieß geschieht auf vielerley Art, wovon aber eine beßer als die andere ist.

Erstens erhält man sie, wenn man den Phosphor der freyen Luft zum zerfließen aussetzt (Phosphorsäure per deliquium).

Zweytens, wenn man den Phosphor in verschloßenen Gefäßen verbrennt, und die in den obern Theilen des Gefäßes hangenden Phosphor-

Blumen durch Aussetzung der Luft zerfließen läßt.

Drittens erhält man diese Säure, wenn man den Phosphor in Weingeist auflößt, oder warmen Eßig damit saturirt, bey welcher letztern Operation aber man äußerst behutsam umgehen muß. Der Eßig sättiget sich sehr langsam, und es geschieht manchmal, daß beym Abgießen sich der im Gefäß zurückgebliebene Phosphor entzündet.

Sehr reine Phosphorsäure erhält man aber, wenn man den Phosphor in der Lichtluft verbrennt. Eine Art ist kostspieliger als die andere; jeder nimmt daher diejenige, die zu seinen Versuchen die schicklichste zu seyn scheint.

Die Arztneyen, die wir für krankes Vieh bereiteten, machten wir aus Säuren, die entweder per deliquium erhalten wurden, oder durch die Wärme eines auf Kohlen stehenden Eßigs. Im letzeern Falle rührt man den Phosphor mit einer hölzernen Spatel fleißig um, bis er gänzlich zerflossen ist. Jedes bestimmte Maaß von Eßig nimmt ein bestimmtes Maaß Phosphor auf, mit dem es sich saturirt. Wenn die Sättigung

tigung geschehen ist, so gießt man den Eßig ab, und läßt ihn durch ein Filtrum laufen, doch muß man hier nochmal erinnern, daß man sehr genau darauf sehen muß, ob die Auflösung vollkommen geschehen ist, denn hat sich der Phosphor nicht ganz aufgelöst, so würde er sich beym Abseihen sogleich entzünden, sobald er die Hitze des Gefäßes empfindet, und man könnte sich leicht sehr beschädigen. Auch ist in solchem Falle der Entzündung nur ein anderes größeres Gefäß über das zu stürzen, in welchem der Phosphor brinnt, um ihn wieder zu ersticken; Wasser darauf zu schütten, ist gefährlich, weil manchmal eine Detonation erfolgt.

Dieser Eßig kann also als ein mit dem Säuernstoff übersetzter Eßig angesehen werden, und unter diesem Gesichtspunkte ist er der Fäulniß widerstehend.

80 Tropfen von solchem saturirten Eßig ließ ich in ein Quart Wasser träufeln, und gab diese Dosis denn 3 oder 4 mal dem kranken Viehe. Wir hatten das Glück in dem Stalle eines meiner Freunde 23. Stücke unter 25. zu retten.

Mehrere Erfahrungen und kluge Anwendungen müßen diese Entdeckung erst zu ihrer Vollkommenheit bringen; erfinden steht dem Chemiker und Naturforscher zu; anzuwenden, ist des Arztes Sache.

Ich finde für nothwendig meiner Abhandlung noch einige Bemerkungen beyzusetzen. Gewöhnlich hat man eine ganz unrichtige Vorstellungs-Art von der Phosphorsäure, viele und auch manchmal sehr geschickte Männer vermengen den Begriff des flüßigen Phosphors mit dem Begriff der Säure, und beurtheilen daher die Säure, nach den Eigenschaften des Phosphors. Der Phosphor entsteht nur, wenn mit der dem Phosphor zu Grund liegenden Säure sich das brennliche Wesen verbindet: folglich um sich einen reinen Begriff von der Phosphor-Säure zu machen, so muß man sie sich befreyt von dem vielen Brennbaren vorstellen, und ihr daher ganz andere Wirkungen und Eigenschaften zueignen, als sie besitzt, da sie mit dem brennlichen Wesen verbunden ist.

Die

Die nahe Verwandschaft der reinen Lebensluft mit dem brennlichen Wesen, und des brennlichen Wesens mit der Lebensluft ist die Haupt-
Ursache ihrer Bildung; denn wie das Wasser
entsteht durch Verbindung der brennbaren Luft
mit der Lebensluft, eben so entsteht die reine
Phosphorsäure sobald das brennlichte Wesen im
Phosphor mit Lebensluft übersättiget ist, und
sich die Lebensluft mit ihr ins Gleichgewicht
setzt.

Die physische flüßige Erscheinung, die so
oft nachfolgt, als die Lebensluft sich mit dem
reinen brennlichten Wesen, in der Natur in ein
solches Gleichgewicht stellt, daß entweder das
brennlichte Wesen noch die Lebensluft das Herr-
schende ist, diese flüßige, physische Erscheinung ist
Phosphorsäure.

Die Wahrheit dieses Satzes bestättiget sich
wieder durch Erfahrungen. Verbrennt man
Phosphor mit Lebensluft, so bildet sich das sich
entwickelnde brennliche Wesen, sobald die Verbindung mit der Lebensluft geschehen, in Phosphorsäure.

Wird der Phosphor in einer vermischten Luft-Art in verschlossenen Gefäßen zerlegt, und die Luft wieder untersucht, so geht blos die Lebensluft ab, von der sich ebensoviel mit dem Phosphor vereinigt hat, als sich Säure vorfindet.

Eine weitere Erfahrung bemerkt man, wenn man den Phosphor in warmen Eßig auf einer Glut auflöset. Sobald der Phosphor zu fliessen anfängt, so beobachtet man eine subtile dichte Materie, die wellenförmig sich immerfort entwickelt, und mit dem Eßig sich verbindet: hört die wellenförmige Bewegung auf, so ist der Eßig saturirt; man kann auch aus allen Eigenschaften des saturirten Eßigs eine vollkommene Veränderung wahrnehmen, sowohl im Geschmack, als Farbe, wie auch in seinem rauchenden Wesen.

Legt man nach der Saturation den zurückgebliebenen Phosphor auf eine Wage, so verspürt man gar keinen Abgang an Gewicht.

Nun ist die Frage: was hat sich dann im Eßig aufgelößt? (denn das eine wirkliche Veränderung vorgegangen, beweisen seine veränderte Eigenschaften und Wirkungen).

Ich

Ich beobachtete, daß der in Eßig aufgelößte Phosphor einen großen Theil seiner Lebensluft abgebe, die er enthält, und die mit einem sehr geringen Theil brennlichten Wesens innigst vereinigt, die subtile, blichte Materie bildet, die bey der Operation in Eßig übergeht, und welche sich mit dem in Eßig befindenden und ihr verwandten Bestandtheilen verbinder. Es entsteht daher eine Säure, die viel reiner und wirkender als die Eßigsäure ist, weil sie mehr von dem Säuren - erzeugenden Princip besitzet. Ich wollte sie oxigenisirte Eßig-Säure nennen, oder mit Lebensluft übersättigte Säure.

Der zurückgebliebene Phosphor verliehrt an Gewicht so viel, als er Lebensluft verliehrt; der Abgang kann aber nicht bemerkt werden, sobald man ihn der freyen Luft aussetzt, weil in dem Augenblick sich die Lebensluft gleich wieder vereinigt, und die vorige Schwere herstellt. Will man wissen, wie viel Lebensluft in den Eßig übergegangen, so darf man nur den zurückgebliebenen Phosphor, ohne ihn der freyen Luft auszusetzen, gleich in eine Bouteille Lebensluft bringen, und dann die Lebensluft nach pneumatischen Versuchen wieder wägen, so
wird

wird man finden, daß so viel der Phosphor Lebensluft einschluckte, er eben so viel in Eßig abgab. *)

Nun bezeigt sich aus einer Menge Versuchen, die man alle, wenn es nöthig seyn würde, mit Attestaten belegen kann, daß die kranken Thiere bey 3 oder 4 maliger Einnehmung dieses Eßigs, wieder ihr munteres Wesen bekamen, der stinkende Durchfall ließ nach, die Augen wurden heiter, die Haare wieder glänzender, sie fiengen wieder an zu fressen, bey einigen äusserte sich ein Ausschlag, bey einigen eine Hauptwassersucht, die aber leicht durch gewöhnliche, in solchen Fällen zum Anwenden bekannte Mitteln gehoben werden können. Wie die kranken Thiere des Tags 3 und 4 mal allzeit 2 Löffel voll von diesem Eßig unter 1 Quart Wasser nehmen mußten, so ließ ich täglich zur Präservation dem gesunden Vieh nur des Tags einmal die Portion

---

*) Da wenige Chimici behaupteten, daß sich im Eßig der Phosphor gar nicht auflöse, so mag dieser Irrthum wohl daher entstanden seyn, weil man keinen Abgang im Gewicht verspürte, und zu beobachten vergaß, daß dieser Abgang in der fixen Luft gleich wieder ersetzt werde.

Portion geben; ich ließ selbem den Rückrad mit Salmiack und Eßig waschen, die Haare aufstriegeln und buzen, weil sich das ansteckende Gift durch die Spize der Haare communicirt. Die Erfahrung bewieß, daß das Vieh, welches auf solche Art behandelt wurde, mitten unter dem kranken Vieh von der Ansteckung frey blieb, da die übrigen, die nicht so behandelt wurden, hauffenweis angesteckt wurden.

Mir deucht, daß ich genug über diesen Gegenstand gesagt habe; nur muß ich hier erinnern, daß der Landesmann dieses der Fäulniß widerstehende Mittel nicht als eine Universalmedicin ansehen soll, bey dessen Gebrauch er alle übrige, der Vernunft und Erfahrung conforme Vorsichten vernachläßigen darf.

Reinlichkeit, Behutsamkeit in der Art der Fütterung, nöthige weitere Mittel bey veränderter Krankheit dürfen nicht vernachläßigt werden, Aerzte werden hier Rath und Beystand schaffen, mein Geschäft war nur, zu zeigen, zu beweisen, daß es ein spezifisches Mittel gebe, das der Fäulniß widerstehe; die kluge Anwendung desselben ist dem Arzt überlassen.

Von

Von einer Kuh muß mancher Arme leben,
    Auch lebt sein Kind davon;
Dieß halb verlohrne Thier ihm wieder geben,
    Dieß sey mein Lohn.

O Held! der du kannst Tausend tödten,
    Groß dünkst du dir;
O würdest du ein Mäuschen retten,
    Groß wärst du mir.

Was braucht's die Menschheit zu verletzen?
    Nur Leidenschaft;
Die Uebel aber zu ersetzen?
    Verstandes = Kraft.

Vernunft und Herz sind's, die uns bilden,
    Zur Harmonie;
Wenn Leidenschaften uns verwilden,
    Sind wir nur Vieh.